儿童身体安全教育

一本写给父母的指南：
如何保护孩子不受性侵害

[澳]杰妮·桑德斯 著 马菁菁 译

新星出版社 NEW STAR PRESS

Text © Jayneen Sanders 2015

The original edition published in 2015 by UpLoad Publishing Pty Ltd

著作版权合同登记号：01-2019-5520

图书在版编目（CIP）数据

儿童身体安全教育 / （澳）杰妮·桑德斯著；马菁菁译
. -- 北京：新星出版社，2020.5
ISBN 978-7-5133-3722-9

Ⅰ. ①儿… Ⅱ. ①杰… ②马… Ⅲ. ①性犯罪－预防犯罪－儿童教育 Ⅳ. ①D914.34

中国版本图书馆CIP数据核字 (2019) 第210989号

儿童身体安全教育

[澳]杰妮·桑德斯 著　马菁菁 译

策　　划	小萌童书	责任印制	李珊珊
责任编辑	汪欣	版式设计	小萌童书

出版发行	新星出版社	网　　址	www.newstarpress.com
出 版 人	马汝军	电　　话	010-88310888
社　　址	北京市西城区车公庄大街丙3号楼	传　　真	010-65270449
邮　　编	100044	法律顾问	北京市岳成律师事务所

印　　刷	北京尚唐印刷包装有限公司	字　　数	50 千字
出版时间	2020 年 5 月第 1 版	印　　张	4.5
印刷时间	2020 年 5 月第 1 次印刷	书　　号	ISBN 978-7-5133-3722-9
开　　本	889mm×1194mm　1/16	定　　价	48.00元

目录

简介

　　儿童遭受性侵犯的统计数字令人触目惊心。大约20%的女孩和8%的男孩在18岁之前曾经遭受过性侵犯。而且，根据澳大利亚新南威尔士州儿童及青年委员会2009年的统计数据，大约85%的受性侵儿童认识施暴者。施暴者可能是亲戚、家人的朋友或者孩子定期接触的熟人，陌生人的可能性极小。

一个30人的班级里，大约有3个女孩和1个男孩在18岁之前会遭受性侵。

　　儿童性侵害的施暴者往往就在我们居住的社区里，甚至在家里。施暴者可能是你身边的任何人。作为父母、教育工作者和儿童看护者中的一分子，现在是我们采取行动的时候了。我们需要通过"身体安全教育"更好地保护孩子。进行预防性教育、提高整个社会的防范意识可以有效降低儿童遭受性侵犯的风险并化解影响。

　　"儿童性侵害的实质是力量的滥用，处于强势地位、具有相关知识的人为了获得性快感以暴力欺负弱小和无知的人群。"

——摘自《教会孩子保护自己》，弗雷达·布里格斯教授、艾伦、昂温著，2000年

什么是身体安全教育？

　　"身体安全教育"（又称"性侵预防教育"）是为了教会孩子一些必备的知识和本领以降低他们遭受性侵可能性而对孩子进行的教育。

　　"身体安全教育"让孩子知道
- 他们身体隐私部位各部位的名称
- 安全和不安全触摸的区别
- 要说出让自己觉得难受/尴尬的秘密
- 如果有人侵犯自己应该怎么办
- 要有基本的自信——尤其是关系到自己的身体

为什么要教儿童重视身体安全？

　　作为父母，我们当然希望时时刻刻保护孩子，让他们安全地成长。有时我们可以选择他们的成长环境，但总不可能一天24小时都伴随左右。孩子们有时需要离开父母去独闯世界。外面的世界很大，但不一定总是美好的。为了孩子，我们需要面对以下残酷的事实：

1 儿童性侵害与社会阶层无关。施暴者可能是任何人种、民族、宗教、行业和教育背景；同理，各种背景的儿童都可能成为性侵的受害者。

2 根据澳大利亚新南威尔士州儿童及青年委员会2009年的统计数据，大约85%的受性侵儿童认识施暴者。施暴者通常是他们信任的熟人。

3 施暴者"亲近"受害儿童和他/她的家人，寻找合适的时机下手，对儿童进行性侵害。

4 大约95%的施暴者是男性。他们有的单身，有的已婚，还有的自己也有子女。

5 公开报道的性侵案中，大约三分之一是未成年人作案。我们发现越来越多的性侵案发生在未成年人之间，大孩子对小孩子实施性侵。

6 孩子最可能遭遇性侵的年龄是3～8岁，大部分性侵案的受害者都是这个年龄段的。

　　性侵害对于幸存者和他/她的家庭都会造成毁灭性的打击。许多幸存者会焦虑、抑郁、发生进食障碍、吸毒、酗酒并患上创伤后压力症，缺乏信任感、安全感和自信，难以处理好人际关系。

　　根据相关资料，遭受性侵的儿童自杀率很高，相当于常人的10～13

倍。儿童遭受性侵的影响可能延续几代人。性侵幸存者为人父母后，他们在心理和身体上的问题可能会对子女造成影响。

　　这个话题对成年人来说很沉重，人人都想避而远之。但我们不能让这种心理影响了对孩子的教育。我们有责任教会孩子维护他们自己的权利，尤其是和身体有关的。许多儿童性侵案的幸存者都表示，他们要是早知道"这样的事"是错的就好了。这就是我们为什么要开展"身体安全教育"的原因。学习过相关知识的孩子从一开始就会知道，别人不怀好意的触摸是不对的，这样他们就能及时告诉别人，直到有人相信自己为止。

> **注：**
>
> 孩子的教养者、看护者都有责任相信孩子的话，不能因为自己觉得儿童遭到性侵的事不大可能发生在自己身上，就随意给孩子扣上"撒谎"的帽子。见本书第22页。

保证身体安全的重要技能

随着孩子一天天长大，家长应当在日常的交流中向孩子传授保证身体安全的基本技能。如果你在教这些技能时有所顾虑，请记住这些技巧不是可有可无，而是孩子成长中的必需品，能激发孩子的自信心和勇气——能保护孩子不受欺负，也是伴随他们一生的优秀品质哦！

1 孩子开始牙牙学语，对身体各个部位有所认知后，就要告诉他们身体各部位的名称，比如脚趾、鼻子、眼睛、胳膊、腿等。
此外，儿童也应当了解他们的生殖器官。家长应当让他们知道阴茎、阴道、臀部、胸部和乳头是"隐私部位"，也就是泳衣必须遮住的部位，不要用绰号称呼这些部位。这样，如果有人对孩子进行侵犯，他们可以准确地向你或者其他信任的长辈描述哪里被摸了。孩子的嘴也是"隐私部位"。[可以用1～6号练习卡（见本书第36～41页）教孩子辨认隐私部位，也就是泳衣必须遮盖的部位。]

2 在孩子很小的时候就教他们认清自己的"底线"。告诉孩子，

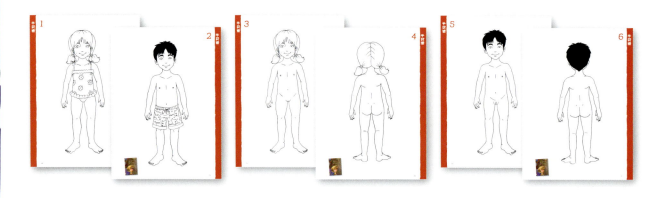

每个人的外面都有一个像呼啦圈这么大的气泡，泡泡内部是私密空间，不受欢迎的人不能闯进来。让孩子知道如果有人侵犯了自己的私密空间，他们有权利说"不"！如果其他孩子、玩伴、青年人和成年人亲吻或者拥抱自己，他们也有权利说"不"！孩子身边的大人也要学会尊重孩子的底线和他们的意愿。除此以外，如果孩子不情愿的话，不要强迫他们亲吻或者拥抱别人以显示友好，这只会让孩子更加觉得他们的个人意愿"毫不重要"。为了不冒犯其他人，可以让孩子跟他握握手或者击下掌。因为"听大人的话"是孩子在童年时慢慢学会的，这种意识将会伴随他一生。当孩子说"不"的时候（尤其是和他们的身体相关），身边的大人必须明白孩子是认真的，必须尊重孩子的意愿。

③ 告诉孩子谁也没有权利触摸或提出要看他们的隐私部位，如果有人这么做，他们必须大叫"不行"或者"住手"，然后赶快跑开，把这件事告诉一个他信任的大人。要跟孩子强调，一旦发生这样的事，他们就需要告诉身边所有的人，直到有人相信自己为止。统计数据显示，一般情况下孩子要跟三个人说过之后才会有人相信。此外，还要告诉孩子，如果有人（比如侵犯者）让你摸自己的隐私部位，或者把他的隐私部位给你看，甚至给你看隐私部位的图片（色情或者虐童类的），都是不对的，必须马上跑开，把这事告诉一位信任的大人。让孩子知道"自己的身体自己做主"，如果有大人想要摸你的隐私部位并不是你的错。让孩子试着坚定地站好，伸出手大声说：（a）"不行！"（b）"住手！"（c）（遇到有人威胁时）"我不喜欢这样！"或者（d）"住手！我的身体是我的！"这样做能让孩子变得坚强。最好能让孩子从小就把"说不，跑开，告诉大人"的三步法记在心里。

注:

侵犯者可能会给孩子看一些虐童的图片，让孩子相信这种行为是"正常"的，他/她也可以这样。见本书第25页。

4 随着孩子慢慢长大（3岁以上），帮他们指出五位值得信任的大人（其中一位不是家庭成员），要是有人触摸自己的隐私部位、让孩子摸他们的隐私部位或者给孩子看一些有问题的图片的话，就要告诉这些大人。

注：

问问这些孩子信任的大人，他们愿不愿意成为安全信任圈中的一员——我相信他们都会欣然接受的；如果不愿意的话，那他可能不适合留在安全信任圈里！

告诉孩子这五位大人是他们的"安全信任圈"的重要组成部分。让孩子动动手指，每动一个手指就说出他安全信任圈里一位大人的名字。另一个办法是画一只手的轮廓（或者用颜料印个手掌印），让每个手指头都对应安全信任圈里一位大人的名字。可以让孩子在每个指头上画出这位大人的头像，或者贴张照片（因为孩子不识字）。然后把这张安全信任圈的手掌图贴在明显的位置。（见本书第42、43页）练习卡第7张就是一张手掌图，而联系卡第8张是一封信，可以交给和孩子经常接触的大人。这份信中说孩子已经接受了身体安全教育，请收信人也参与到这个重要教育环节中来。

注：

有的孩子可能想把自己的宠物或者玩具加到安全信任圈里，这没问题。可以把它们写在手掌上。但是，要以一种柔和的方式告诉孩子，他们可以把不开心的事告诉宠物或者玩具，但不会获得帮助；要想获得真正的帮助，必须告诉一位信任的大人才行。

5 一方面给孩子讲什么是不怀好意的触摸，同时也讲讲什么是人的各种情感，比如高兴、难过、生气、兴奋等。借助表情图片或故事书里的内容，讲讲图片中或者书里的孩子此时此刻的心情如何。平时要鼓励孩子多聊聊自己的心情，比如"有人把我推倒的时候我特别伤心。玩这个长长的滑梯时我可害怕了。贝克请我和他一块儿玩的时候我高兴极了"。这样如果真有人不怀好意地触摸孩子，他们就更能准确描绘出自己的心情。

建议用练习卡第14张（本书第49页）帮助孩子们更好地描述心情（可以复印几张备用）。

6 跟孩子聊聊什么是"安全感"和"不安全感"。小孩子可能很难理解这个概念，所以家长要选择合适的时机。当他们从陡峭的滑梯上滑下来时可能有"不安全感"，而和你一起依偎在沙发里读书的时候会有"安全感"，这时家长应当择机跟孩子聊聊这些词儿。此外，孩子还需要了解伴随"安全感"和"不安全感"的其他感情。比如安全的时候他们往往会感到开心和温暖，而不安全的时候则会害怕、恶心。给孩子一些时间，让他们试着描述"安全"和"不安全"时自己身体的反应。

7 人在不安全的环境里往往会收到"早期预警信号"。这是我们的身体在感到不安全时发出的。和孩子聊聊什么是"早期预警信号"，比如心跳加速、胸闷、恶心、肚子疼、掌心出汗、想哭、四肢无力、腿软等。让孩子渐渐形成相应的概念。可以用练习卡第9张给孩子描绘"早期预警信号"。告诉孩子，如果他们收到了身体的"早期预警信号"，必须告诉父母或安全信任圈里的其他大人。让他们明白，父母（以及安全信任圈里的其他大人）会相信他们的话，他们可以放心地说出一切。

8 随着孩子一天天长大，不提倡让他们有自己的秘密。告诉他们什么是"安全/开心的惊喜"——比如不要告诉外婆，为她秘密准备了生日宴会；什么是"不安全/坏的秘密"，比如有人触摸他们的隐私部位。一定要让孩子知道，如果有人不怀好意地触摸了自己或者让他们看了隐私部位的照片，并且告诉他们要保守秘密的话，一定不要相信，而要把这种事情告诉家长或者安全信任圈里的其他人。

注：

叫孩子保守秘密是性侵者惯用的诱骗手段（见本书第13页），因此有必要让孩子知道令人开心的惊喜和令人难受的秘密有天壤之别。

9 告诉孩子什么情况下别人可以触摸隐私部位，比如生病时需要医生检查（但是告诉他们检查时你一定会在场）。此外，如果有人触摸孩子的隐私部位（在家长不在场的情况下），他们有权说"不"或者"住手"，同时伸出手示意，尽快逃走并告诉一个自己信任的大人。孩子（从很小时候开始）必须明白自己的身体自己做主，没人可以随意触摸。

10 给孩子每月或者每两个月读一次《绝对不能保守的秘密》。这本书适合3～12岁的孩子反复阅读，尤其是在露营或去别人家过夜之前。书后的问题很适合一次次地跟孩子讨论。对于一个未曾经历过性侵的孩子而言，这本书只不过是"一本普通故事书"，但传递了很明确的信息。孩子学习知识主要靠看和读，所以他们可以很好地理解其中的安全常识。还可以教孩子唱简单有效的"身体安全歌"（见练习卡第10张，本书第45页）。

11 给孩子进行场景模拟训练，问他们"你应当怎么办"，强化安全意识。可以利用涉及身体安全的各个场景让孩子了解一下各种感情。

比如：

● 如果有人从沙坑里把你的小桶和铲子拿走，你怎么办？

● 如果你不想在道别时让爷爷亲一下，你怎么办？

● 如果有人把你从滑梯上推下来，你怎么办？

● 如果你的朋友想看你的隐私部位，你怎么办？

● 如果有大人想看你的隐私部位，你怎么办？

● 如果一个大人摸你的隐私部位，或者让你摸他的隐私部位，你怎么办？

● 如果在学校有人露出隐私部位给你看，你怎么办？

还可以为孩子设计其他的场景，与孩子进行讨论。问问自己希望孩子从讨论中学到什么。可以参考本书第50～59页的"身体安全技能对话卡"。

还有很重要的一点，预防性侵的教育不仅是父母的责任，也是整个社会的责任。请咨询一下你周围的育儿中心、幼儿园和小学是否开设身体安全课程。如果他们没有开设，也要追问一下为什么没有。一定要跟教育机构努力争取开设类似的课程。请见本书第27页"社会教育"。

注：

对孩子进行身体安全教育不仅能保护自己的孩子，也许还能保护别人的孩子。有时候孩子会把受到性侵的秘密告诉小伙伴。如果这个伙伴知道这种行为不正常，就会把这件事告诉一个他信任的大人——即使那个说出秘密的孩子让他保密。

自豪

给孩子进行身体安全教育是一件令人自豪、值得夸耀的事情，接受身体安全教育的孩子也应当为此自豪。我这么说有两个原因：

1 身体安全教育给孩子带来力量。这种教育能在很长一段时间内保证孩子不受性侵，确保他们积极、自信地长大成人。

2 自豪地告诉别人，孩子接受了身体安全教育，让别人知道你的家人之间没有秘密。这样就能让潜在的施暴者明白，你的孩子不会成为他们的牺牲品。儿童性侵一度曾是让人讳莫如深的话题，但现在人们不愿对此保持沉默，施暴者终将无处可逃（见练习卡第11张、12张和13张，本书第46～48页，把它们放在明显的位置）。

最后的话

1 身体安全教育无须在"特定的时间"进行。它必须贯穿孩子的成长过程，是一件很自然的事情。最好能以轻松的心态对待，跟孩子进行随意的交流，抓住合适的时机进行教育。比如，孩子大了，可以自己洗澡并擦干了，让他们洗净并擦干自己的隐私部位。这是一个很好的机会，让孩子再次明确他们的身体是自己的，只有自己能碰。此外，要创造出轻松愉快的家庭气氛，一切讨论都公开透明，没什么"禁忌话题"，这样万一孩子真遇到了麻烦，他们会更愿意向父母敞开心扉。如果你总绷着脸，一副严肃的样子，孩子可能会受到影响，觉得这些"话题"值得焦虑——实际上根本不是那样！

2 让孩子明白公共场合和私密空间的区别。比如，公共场合是"人人共享"的，比如屋里的起居室和学校的操场；而私密空间是"个人独享"的，比如洗手间/浴室和卧室。告诉孩子，如果有人想进卧室必须征得主人的同意，因为卧室是私密空间。

3 信任孩子。和大人一样，孩子身体内也有"天生的雷达"，知道什么样的触摸安全，什么样的不安全。如果他们说自己不想跟某人一起走，或者不想跟某人单独相处（虽然这个人可能是你的好朋友），家长要相信孩子的直觉，尊重他们的意愿。

4 有些孩子（尤其是男生）觉得性侵者的触摸会带来快感。因此，家长一定要告诉孩子，即使感觉不错，也绝对不能让别人触摸自己的隐私部位。

诱骗及防范意识

为了对儿童实施性侵，施暴者往往要诱骗儿童让他们听话，同时也叫他们保守秘密，确保这些受到性侵的孩子不会把这事告诉别人。施暴者可能会花上好多天甚至好几年进行诱骗，慢慢地让孩子（和他的家人）对自己产生信任。借助这种信任，施暴者就有机会时常对孩子进行性侵。他们通常不会使用暴力，而是在情感上抓住对方，利用孩子的信任和无知屡屡得手。

警惕

1 有些人特别愿意跟你的孩子待在一起，陪着他，照顾他，甚至随叫随到。有的施暴者锁定目标家庭后就经常去"帮忙"，伪装成一个值得信赖的朋友。许多性侵施暴者会花很多精力进行伪装，这样就可以单独和孩子待在一起而不引起任何人的怀疑。

2 有些人特别关注你的孩子，让他觉得自己与众不同；他们经常给孩子送小礼物或者糖果，有时候还瞒着家长，这往往是他们诱骗孩子保守秘密的手段之一。渐渐地，孩子就觉得自己成了骗子的"死党"。

"施暴者诱骗孩子服从自己最常使用的策略包括送礼物、在孩子身上花大量的时间和精力、跟孩子建立感情等，而不是威胁或胁迫。有不少性侵者施暴之前和孩子进行的大量接触都和性无关。"

（Smallbone & Wortley, 2000）

3 有些人愿意牺牲自己的休闲时间，花大量的精力陪你的孩子玩——尤其是在没有其他大人的场合，或者更喜欢单独和你的孩子在一起。

> **注：**
>
> 我们当然希望孩子生命中遇到各种各样的人愿意爱他陪他。但是，请一定要保持警惕！

儿童身体安全教育

关于性侵者——你必须知道的事

对儿童实施性侵属于刑事犯罪，会受到法律的严惩。施暴者通常都骗术高超、善于伪装，而且整个计划实施缜密。他们会：

1 总是对实施性侵进行周密计划。实际上，在和孩子发生性接触之前，他们可能会计划上好几年并进行诱骗。他们会仔细盘算如何与孩子和他的家人相处，如何争取到和孩子单独接触的机会，特别是怎样去威胁孩子让他们缄口不言。对于施暴者而言，最重要的是确保孩子"保守秘密"——一旦孩子说出去，施暴者就完了。因此，他们会用尽一切手段让孩子保密。比如，让别人觉得孩子爱说谎——这样即使孩子把受到性侵的事说出去，也没人相信他。

2 精心挑选受害人。他们会测试孩子对身体接触的反应，比如拍拍他的肩膀或胳膊，抚摸他的头发，然后看看孩子有什么反应。如果孩子表示接受，那施暴者会继续和孩子进行身体接触。最初的接触可能是正常甚至好玩的，比如孩子喜欢的挠痒痒，但如果施暴者觉得孩子已经"上钩"了，这种接触就会变成性接触。

注：

成年人和大孩子喜欢的玩闹、挠痒痒、摔跤等接触性活动往往也是小孩子的最爱。但是，如果提议玩游戏的是成年人或者大孩子，玩的游戏中有很多身体接触的机会，而且小孩子让他们停下来他们还不放手的话，孩子的家长就得当心了。施暴者惯用的诱骗手段往往会混淆正常接触和不正常接触的界限。这种刻意的混淆让孩子觉得性接触在所难免，他们自愿参与这种游戏。每个人当然都希望和孩子一起玩，而体力运动也是重要的亲子活动，但如果孩子说"不"，觉得玩够了，家长应当尊重孩子的意愿。这种对"不"的尊重会影响孩子一生的成长。

3 教孩子保守秘密，最开始时可能是和性无关的秘密。这些"好玩的秘密"是为了让孩子觉得，他们和施暴者之间建立起了特殊的关系。一旦施暴者觉得时机成熟，这些秘密可能就变成了和性相关的秘密。

4 强迫受害人相信性侵是"正常"的，是"示爱行为"，而且/或是孩子自己想出来的。他们会用"内疚感"、"抹黑"和"怪罪"的办法让孩子觉得这个"令人难堪"的秘密行为中人人平等，因此每个人都有责任。孩子很可能因为"内疚感"不会把事情告诉别人。尤其是小男孩觉得这种触摸带来了快感，因此更不知道谁对谁错。施暴者发现孩子对这种触摸"有反应"而且"挺喜欢"，就会利用孩子的这种心理，让他们觉得自己愿意参与这种"秘密活动"。一定不要低估性侵施暴者狡诈的手段和强烈的控制欲。

5 通过威胁和敲诈迫使孩子保守秘密——威胁孩子说如果他们说出去就会坐牢，这样就永远见不到家人了；或者没人会相信他们，他们会毁了全家，等等。施暴者会尽力确保孩子保守秘密，让孩子觉得自己是罪人。

注：

要教育孩子不要保守秘密，尤其是让他们觉得难受的秘密。让孩子保密和对孩子进行威胁是性侵施暴者惯用的手段。

儿童身体安全教育

6 努力让孩子和他的家人喜欢（甚至爱）自己。比如，性侵者会常常给这家人帮忙，成为一个值得信赖的可靠朋友。这是性侵者想努力塑造的形象。

7 盘算着和某个或某几个孩子"单独相处"，总是花大把时间陪着孩子。

"由于性侵者通常是孩子或他的家人信任熟识的朋友，他们可以很容易地和孩子单独相处——因此性侵行为总是一次次地发生。这种侵犯往往不使用暴力，而是靠性侵者的承诺、威胁或小恩小惠达成目的。性侵者很好地利用了孩子家人对他的信任以及孩子的无助感，有时候甚至能持续侵犯数年而不被发现。"

（NSW儿童保护协会，2000）

8 锁定工作繁忙、需要别人帮忙的父母。除此以外，也喜欢对弱势群体下手。

"和单亲父亲/母亲及他们的伴侣生活在一起的孩子遭遇性侵的风险最高，比起和双亲生活在一起的孩子，他们遭遇性侵的概率要高出20倍。"

（Sedlack et al, 2010）

9 频繁更换工作和住址以躲避侦查。

什么是正常的性行为？

　　性是日常生活的一部分，孩子很自然地会感到好奇。他们想知道男孩和女孩的身体有什么区别，婴儿是怎么出生的，关于性行为的种种隐晦说法是什么意思。他们从很小时候就愿意尝试，不论从哪儿听来的事儿都愿意自己表演一遍。父母很难知道什么是"正常"行为，也不知道他们可能发生什么。"正常"这个词很难定义，也没什么规矩可循。下文所说的指南仅仅是指南而已。如果你的孩子有些出格行为，不一定就预示出问题。但如果你有些担心，最好咨询一位育儿专家。对于一些正常的性行为，最好不要做出消极或否定的反应。对性的好奇是孩子了解性别的重要途径。

与性有关的正常行为包括：
- 婴幼儿和儿童玩弄生殖器，喜欢光着身子
- 问诸如为什么他有阴茎而女孩没有（或者相反）之类的问题，想了解男生和女生之间的差别
- 给别人看自己的生殖器

- 过家家，扮医生护士或者爸爸妈妈；和年龄相仿的孩子亲吻或者握手
- 说他们学会的俚语或者粗话
- 在对方同意的情况下看他/她的身体（特别是7岁以下的孩子，年龄相仿彼此认识的），而不是在受到强迫的情况下
- 大点儿的孩子想知道他们是从哪儿来的，对于有关身体的讨论开始感到难为情

性侵的基本特征

　　被性侵的孩子可能表现出一些迹象（见下文）。但是，家长必须知道，孩子有意识或无意识地希望大人能"注意"到一些情况，比如当性侵者在身边的时候孩子可能会故意表现，或者去性侵者家的时候表现得很不舒服。大多数被性侵的孩子内心都非常恐惧，不敢告诉别人自己惊悚的秘密。所以做父母的一定要像"雷达"一样敏感地探测到孩子表现出的一切可疑情况。

0~12岁的孩子
- 过分关心自己或别人的生殖器官
- 总想摸别的孩子的隐私部位
- 和大孩子比生殖器官的大小
- 主动提议或强迫别的孩子一起玩"性游戏"（通常都是比他小3岁以上的孩子）
- 不合适的性游戏，比如一个7岁的孩子和一个4岁的孩子用嘴和生殖器官接触（注：现在随着网络色情的泛滥，小孩子深受其害，一些年龄相仿的孩子常玩性游戏）
- 在大人规劝和教育后，仍然和别的孩子玩出格的性游戏达3次以上
- 不断地自慰，大人让住手仍无动于衷

- 诱惑性的性行为
- 和娃娃/玩具/动物玩性角色扮演游戏
- 玩强行进入阴道或肛门的性游戏
- 长期喜欢偷窥、暴露、说脏话
- 触摸或抚摸陌生的大人或孩子的生殖器
- 经常说脏话
- 用大人的方式描述性行为及与性有关的行为
- 创作和性有关的绘画作品或参与这类游戏
- 绘画作品中裸露和穿衣的人体都露出巨大的生殖器官
- 换衣服时被人看到会很难过
- 与陌生的大人或大孩子讨论性
- 体味很重
- 嘴唇附近有伤
- 生殖器官或胸部、臀部、下腹、大腿出现淤血、抓痕、红疹、刀伤、烫伤和流血
- 床或内裤上出现血痕或其他分泌物
- 小便或大便时有痛感
- 频繁患尿路感染
- 出现焦虑和退缩行为（易怒、黏人、无精打采）
- 经常哭泣，而且很难劝好
- 神神秘秘，总说他们有个"特别的"不能说的秘密（可能是为引起家长的注意）
- 从孩子或孩子的朋友那里直接或间接地得知孩子有被骚扰的情况
- 穿着衣服睡觉
- 梦魇很多，睡眠不好
- 出现后退性行为，比如又开始尿床或遗粪
- 突然变了一个人，比如原来很乐观，后来成了一个易怒、挑衅的孩子

- 学习障碍，注意力不集中，分数下降，和同龄人交往困难（但有时这类孩子往往是优等生）
- 胃口改变（突然、明显的改变），日渐消瘦
- 莫名其妙地多了钱和衣服
- 喜欢聊"一位特殊的老朋友"
- 总是犯错（8岁及以上）
- 不想去某个地方或参加某项活动
- 无意地暗示性侵（这也是为了引起注意）

大些的孩子（未成年人）

请注意，未成年人可能也会出现本书第19、20页中描述的现象和特征。

- 自甘堕落的行为，比如依赖毒品和酒，试图自杀、自残
- 吃饭不规律
- 犯偷盗、说谎、破坏等错误
- 抽搐、惧怕和强迫症
- 经常离家出走，不愿意去上学
- 躲避家人和朋友
- 易怒，攻击性强
- 说极度自卑的话，比如"我该死"
- 说自己的身体很脏、被毁了、完蛋了
- 露营或运动中要换衣服或洗澡时过分羞涩
- 说和性有关的脏话
- 在网上或生活里谈到"特殊的朋友"时变得很神秘
- 多疑，不让别人靠近自己或内心
- 未成年人怀孕
- 滥交（很小的时候就有多个性伙伴，有些较年长）
- 为钱性交
- 担心两性间的亲密行为
- 对色情过度感兴趣
- 患性传染病

　　如果孩子出现上述一种或多种特征，不一定说明他/她遭遇了性侵，但如果他们表现出了上述特征，父母最好仔细调查一下。

说出真相及相信孩子的重要性

　　必须强调指出，如果孩子说出遭遇性侵的真相，家长务必要相信孩子。新南威尔士州儿童保护委员会研究发现，在公开报道的儿童性侵案

中，98%的孩子说的是真的。孩子说出真相后，大人的反应对孩子的身心健康和康复至关重要。如果大人不相信孩子，他们可能不会再提，继续承受伤害，放纵性侵行为。如果我们感到震惊、恐怖或气愤，孩子当然也会受到影响，觉得好像是他们犯了错。对于孩子（或大人）来说，说出可能持续了很多年的性侵真相需要很大的勇气。

　　可能有人威胁孩子，万一他们胆敢说出真相，就要承担可怕的后果，或者干脆告诉孩子没人会相信他们的话。每个人的情况都不一样，其中又包含了复杂的情感。孩子能不惧威胁和恐吓说出真相，无论是对

父母、亲戚、老师，还是对其他孩子说出真相，孩子都希望有人同情并信任自己。因此，家长要保持镇定，不要太情绪化，而且要做到：

- 让孩子确定你相信他/她
- 让孩子确信自己说出真相是对的
- 让孩子确信自己非常勇敢
- 让孩子确信不是自己的错
- 让孩子确信大家都爱他/她
- 让孩子确信自己很安全，有人会好好照顾自己
- 让孩子确信你会尽全力制止性侵行为（但不要做什么承诺）
- 孩子和信任的大人在一起后，立刻联系本书第33页上的机构进行咨询。

　　如果孩子开始说真相，家长有责任和义务保持镇定，静心聆听，对孩子的遭遇表示同情。如果孩子想在一群人面前说出真相，请家长单独

把孩子叫到一个安全的地方。任何一个性侵受害者都需要很大的勇气才敢说出真相，因此，作为一个值得信任的旁听者，请具备足够的善良和同情心。

> **注：**
>
> 如果孩子想在一群人面前说出真相，比如在一个游戏小组或学习小组里，抑或在大家一起分享《绝对不能保守的秘密》这本书的时候，请家长温柔地打断孩子并对他说："你想告诉我的事很重要，我们可以课后再聊。"请确定孩子知道你很在乎，重视他们想说的真相。如果有孩子信任的其他大人在场，请让其他人继续，单独把孩子带到一个安全的地方聆听。这种保护性的打断很重要，可以继续保护孩子的秘密，不让其他孩子了解真相。但如果孩子真的在众人面前说出了真相，请联系本书第33页上的机构咨询，他们会告诉你怎么处理最好。

许多成年后的性侵受害者认为，最伤心的莫过于他们在说出真相时遭遇家人非难，好像自己是施暴者，而性侵者成了受害人一样。比如，有的家人会说："看看你干的好事！你毁了……他/她不会再像从前那样了。"这是一个真实的例子，讲了一家人对待真相的反应，他们俨然已经站在了施暴者一边。这种反应对讲真相的人来说伤害太大了，会加剧他们原来的罪恶感和羞耻感。请记住，所有的罪恶感和羞耻感都应当与施暴者有关，讲出真相的受害人应当获得支持。

> **注：**
>
> 当问到成年的性侵受害者遭遇性侵后最看重什么时，他们大都回答说最看重能否被人信任。

色情网络信息
及影响

幼儿和儿童过早接触网络也带来了很多社会问题，其中重要的一点就是接触了成人色情和虐待儿童的内容。父母和孩子之间应当建立起有效的沟通，彼此能够相互信任，这样如果孩子看到或听到了什么难

堪的内容，他们会第一时间向家长求助。父母与孩子之间的关系应当是开放诚实的，这种关系要从小培养。

对身体安全教育而言，网络色情可能会引发两个问题：

1 孩子接触成人色情和虐待儿童的内容可能是偶然的、主动的或者经朋友介绍的。

2 可能是性侵者或一个大孩子引导孩子接触上述内容。

无论是哪种情况，都需要从小教育孩子说出他们看到的内容（见本书第5页第3点），并说出谁给他们看的。和孩子开诚布公地聊聊，让他们知道看到这些内容不是他们的错。如果你的孩子已经看了色情图片，建议找一位儿童教育专家进行咨询。

儿童性侵者和色情的关系

1 初步调查显示，儿童性侵者会和受害者一起看色情片。他们认识孩子（和他们的家庭）并彼此熟悉以后，可能会给孩子看一些带性的场景，让孩子放松警惕，有时也为了引起孩子对性的好奇心。大部分的性侵者利用这个机会培养受害者的负罪感。

2 看过电视里性场景的男人、女人和少年都有一种表演的冲动；如果他们不是受到了这种场景的影响，可能不会对孩子下手。

> **注：**
>
> 我认为不应当有"儿童色情"这个词，因为这完全就是犯罪，对象是无辜的孩子。接触这类色情的人就是在犯罪。

3 有些性侵者利用网络把色情片传给青少年及儿童看以激发他们对性的好奇，继而诱骗他们见面并发生性关系。

4 接触了网络色情的哥哥姐姐可能（请注意，只是说"可能"）会对身边的弟弟妹妹下手。

5 此外，老师和健康专家也表示，越来越多的孩子跟同龄人发生不合适的性行为。这可能也是接触网络色情的结果。

对适龄儿童进行性教育非常重要。这样儿童和未成年人就不会把网络色情当作性信息的唯一来源了。不幸的是，孩子从色情里了解到的性和性关系往往是扭曲变形的。父母应当对孩子接触网络保持高度警觉。请家长们都确认能和孩子进行开诚布公的对话，并根据年龄进行适当的性教育。本书第33页可以找到一些性教育资源。

社会教育

应该让我们身边的人们都了解，对孩子进行身体安全教育是家长、老师、儿童看护者必须要做的事，原因如下：

1 可以降低儿童性侵案件的发生概率，从而减少儿童性侵带来的负面影响。

2 可以通过教育让孩子更了解自己的身体，维护他们的身体安全。

3 可以以这种方式告诉性侵者，他们不能再妄图利用人们对这个话题的避讳心理而为非作歹了，我们会让孩子知道什么样的触摸不怀好意，以及应当如何对待秘密。

需要让整个社会的人都知道，作为家长和老师、儿童看护者，我们应当自豪地把有关知识传授给孩子，保护他们免遭性侵者的毒手。整个社会的人们都应当明白，要相信敢于说出真相的孩子。

我曾经听过这样一个故事：

有个小女孩告诉老师，她的父亲侵犯了她。老师觉得她在说谎，就罚她坐在教室外面的台阶上，告诉她永远别再说这种谎话了。小女孩之后再没告诉过别人这件事，一直到成人以后她都觉得这是自己的错，在心理和情感上遭受了莫大的创伤。

我们再也不能让孩子独自受苦，自己却不闻不问了。我们需要让所有的孩子、家长、老师和身边的人都来学习身体安全。整个社会都有责任倾听孩子的声音，尤其是他们说出的真相。

　　请扫描右侧的二维码或搜索微信号：小萌童书，联系我们，我们将提供公益海报的电子版（见下文的例子），你可以在社交媒体和朋友、家人、同事分享海报，也可以把它们打印出来，贴在学校或者育儿中心。我们所有人都应当向所在社区进行宣传，让这个世界对孩子而言变得更安全。我愿意称之为"父母帮效应"，如果你愿意和其他人/父母分享身体安全教育的知识，你可能会改变一个孩子的一生。

儿童一定要知道的
三个至关重要的
可以改变命运的法则：
❶ 身体只属于自己，没有人可以随便触摸。
❷ 永远绝对不保守那些会令你感到不舒服的秘密。
❸ 如果有人触摸你的身体，一定要坚定地说出来，直到有人相信为止。

孩子是
他们身体的
主人！

了解更多关于身体安全的信息请登录：

"相信你的孩子
　　　　　　　和大人一样，孩子身体内也有
'天生的雷达'，知道什么样的触摸安全，什么样的不安全。如果他们说自己不想跟别人一起走，或者不想跟某人单独相处（虽然这个人可能是你的好朋友），家长要相信孩子的直觉，尊重他们的意愿。"

杰妮·桑德斯

了解更多关于身体安全的信息请登录：

绝对不能
保守的秘密

令人焦虑的统计数据

❶ 大约20%的女孩和8%的男孩在18岁成人之前会遭遇性侵。

❷ 85%的儿童性侵案是熟人作案。

❸ 84%的12岁以下儿童性侵案发生在家里。

4 根据对453个性侵者的调查，他们承认共侵犯过67000个孩子，平均每人148个。

5 3～8岁的儿童最容易遭受性侵，大部分的性侵对象都是这个年龄段的。

6 20%的女性小时候曾遭受性侵，其中71%的孩子当时还不满12岁。

7 在警察受理的儿童性侵案中，98%的孩子说的是真的。

8 如果孩子说出真相，三分之一的澳大利亚人表示不会相信。

9 73%的受性侵儿童一年之内都不会告诉别人发生了什么，45%的儿童五年之内不会说出真相。有些孩子一辈子也不说。

10 精神病院收治的精神病患者中，81%的人曾遭遇过性侵或被打，其中67%的人是发生在幼年时期。

常见的担心和问题

1 如果给孩子进行身体安全教育，他们就不再天真了。

并非如此。知识会让他们变得更强大，也更安全。对孩子进行教育总比看着他们童年被毁要好。儿童性侵一旦发生就无可挽回。研究表明，性侵可能给孩子带来各种各样的伤害，而且无一例外地会降低生活品质。

2 孩子会探讨性和性侵行为。

家长教孩子交通安全知识时不需要给他们看图片。为什么要看图呢？他们毕竟还是孩子。同理，进行身体安全教育也要循序渐进，不要吓着孩子。不要提及性和性侵行为。

3 我的孩子太小了，不适合接受身体安全教育。

3～8岁的孩子最容易遭遇性侵，请看第28页。越早进行身体安全教育越好，最好在他们刚学会说话的时候就开始。

4 让孩子了解"陌生人的危险"就够了。

大约85%的性侵案是熟人犯下的，请看第28页。性侵者可能是一位你信任的亲戚、亲近的朋友、老师、邻居等。他们就潜伏在我们身边，谁都有可能。

5 我的孩子没遭遇过性侵，还有必要谈这个话题吗？

大约20%的女孩和8%的男孩在18岁成人之前会遭遇性侵，请看第28页。孩子遭遇性侵的概率比摔伤四肢的概率还大。各个国家的孩子都有可能遇到。

6 我的孩子不需要身体安全教育，他什么事都会告诉我的。

有人可能会威胁恐吓孩子，让他们保守"秘密"，那样孩子可能就什么都不说。73%的受性侵儿童一年之内都不会告诉别人发生了什么，45%的儿童五年之内不会说出真相，有些孩子一辈子也不说。请看第29页。

7 我不想吓着孩子。

所有的身体安全教育都应当循序渐进，不能吓着孩子。这种教育是为了让孩子变得更强大，而不是要吓着他们。

8 我不会把孩子单独交给别的大人。

大点的孩子甚至同龄孩子也可能实施性侵。研究表明，孩子频繁接触网络色情，则更可能表现为对同龄孩子或小孩子实施性侵。

9 我的孩子可能因此不愿再拥抱或喜欢其他成年人了。

孩子和成年人一样，体内都有"天生的雷达"。循序渐进地对孩子进行身体安全教育，他们就能了解什么是安全和不安全的触摸和感情。孩子会明白，什么样的拥抱令人感到安全温馨，什么样的会让人不舒服。接受了身体安全教育的孩子会在感觉不安全时迅速回应——这就是第8页第7点提到的"早期预警信号"。

与孩子一起读的身体安全绘本

进行身体安全教育有不少合适的书。孩子是视觉动物，因此由一个故事引发孩子对这个话题的关注更易于接受。

1 《绝对不能保守的秘密》，[澳]杰妮·桑德斯著，[澳]克雷格·史密斯绘，新星出版社，2019年

　　本书的写作目的是为儿童提供自我保护的基本技能，对儿童进行个人安全教育，并教导他们在被别人以不正当的方式触摸时要大声说出来。

2 《当我说"不"时》，[澳]杰妮·桑德斯著，[澳]查理·扎美京绘，海豚出版社，2017年

　　教孩子了解自己与他人的身体边界，让他们学会既要尊重他人，也要表达自己的意见，赋予孩子自己做选择和说"不"的权利。

3 《我的身体我做主》，[澳]杰妮·桑德斯著，[澳]安娜·汉考克绘，阳光出版社，2020年

　　这本书不仅告诉你什么是身体安全、隐私部位，而且告诉你如何通过身体感受预警危险、区分秘密与惊喜、尊重他人的安全界限。

4 《我们来谈谈身体的边界》[澳]杰妮·桑德斯著，[澳]莎拉·詹宁斯绘，阳光出版社，2020年

　　这本书告诉你什么是身体的界限、如何掌握自己身体的主权、情绪和危险的关系、怎样避免欺凌与被欺凌。

重要组织及链接

中华少年儿童慈善救助基金会
www.ccafc.org.cn
电话 010-51660112

safe kids全球儿童安全组织
www.safekidschina.org
电话 021-64867160

救助儿童会
www.savethechildren.org.cn
电话 010-65004408/65006441

香港保护儿童会
www.hkspc.org
电话 （852）23960264

报警电话 110

www.somesecrets.info上有绘本《绝对不能保守的秘密》的教学资料和信息。
www.safe4kids.com.au上有全面的保护行为介绍，可以用作背景知识。
www.bestlife-coaching.net有一个问题清单，可以向儿童中心提问或者用作背景材料；链接至"儿童的最美生活"博客-家长资源。
www.youthwellbeingproject.com.au有针对家长的性教育材料。在"身体商值"栏目下有比较全面的身体安全计划。
www.doctorjenn.com有题为"可以帮你和孩子聊性的书"的博客。

最后的话

一个勇敢的幸存者告诉我：

"把儿童性侵的话题讲得越透彻，越能让施暴者无处藏身。"

对孩子进行身体安全教育，不但能增长他们的知识和技能，更能让施暴者无处藏身！为此，我衷心地感谢你！

——杰妮·桑德斯

关于作者

　　杰妮·桑德斯是一位经验丰富的老师，是《了解文化》一书（由美国凯普斯通教室出版社出版）的主要作者。她写了100多本童书，出版了不少教学材料，也是三个孩子的母亲。她还有几本著名的绘本，如《绝对不能保守的秘密》，讲什么是安全触摸，什么是不安全的触摸；以及《当我说"不"时》，讲如何尊重人与人之间的距离。杰妮·桑德斯大力倡导在学校和家庭推广身体安全教育，写了很多有关如何开展身体安全教育的博客和文章，还为《当我说"不"时》出版了配套教材。

参考文献

Abel, G. (1994). National Institute of Health Survey

Australian Childhood Foundation (2010). Doing Nothing Hurts. Ringwood [Vic]: Australian Childhood Foundation.

Bagley, C. (1995). Child Sexual Abuse and Mental Health in Adolescents and Adults.

Broman-Fulks, J. J., Ruggiero, K. J., Hanson, R. F., Smith, D. W., Resnick, H. S., Kilpatrick, D. G., & Saunders, B. E. (2007). Sexual assault disclosure in relation to adolescent mental health: Results from the National Survey of Adolescents. Journal of Clinical Child and Adolescent Psychology, 36: 260–266

Browne, K. & Lynch, M. (1994). Prevention: Actions speak louder than words. Child Abuse Review, 3: 241–244.

Child Protection Council (1993). Fact Sheet No. 5. Sydney [NSW]: Sexual Assault Committee.

Dympna House (1998). Info Kit: A booklet on childhood sexual abuse. Haberfield [NSW]: Dympna House.

Fleming, J. (1997). Prevalence of childhood sexual abuse in a community sample of Australian women. Medical Journal of Australia, 16: 65–68.

Jacobson, A., & Richardson, B. (1987). Assault Experiences of 100 Psychiatric Inpatients: Evidence of the Need for Routine Inquiry. American Journal of Psychiatry, 144: 908–913

NSW Child Protection Council, (1998). Managing Sex Offenders

NSW Child Protection Council (2000). Child Sexual Assault: How to talk to children

NSW Commission for Children & Young People (2009).

Pereda, Guilera, Forns & Gomez-Benito (2009) The prevalence of child sexual abuse in community and student samples: a meta-analysis.

Plunkett, A., O'Toole, B., Swanston, H., Oates, R.K., Shrimpton, S., Parkinson, P. (2001) Suicide risk following child sexual abuse.

Sedlak, A.J., Mettenburg, J., Basena, M., Petta, I., McPherson, K., Greene, A., & Li, S. (2010). Fourth National Incidence Study of Child Abuse and Neglect (NIS–4): Report to Congress, Executive Summary. Washington, DC: U.S. Department of Health and Human Services, Administration for Children and Families.

Smallbone, S. & Wortley, R. (2000). Child sexual abuse in Queensland: Offender characteristics and modus operandi. Brisbane [Qld]: Queensland Crime Commission

Snyder, H. N. (2000). Sexual assault of young children as reported to law enforcement: Victim, incident, and offender characteristics. Washington, DC: U.S. Department of Justice, Office of Justice Programs, Bureau of Justice Statistics.

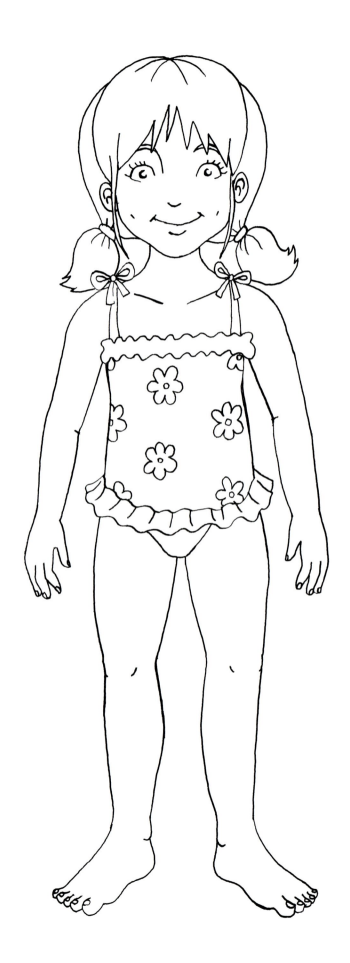

绝对不能
保守的秘密

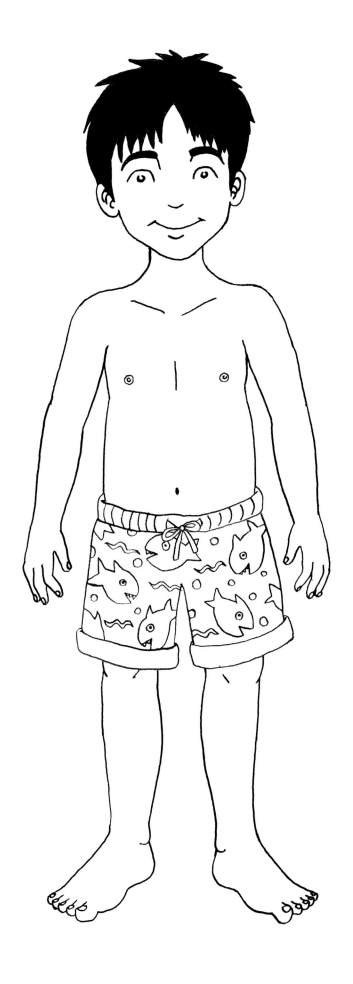

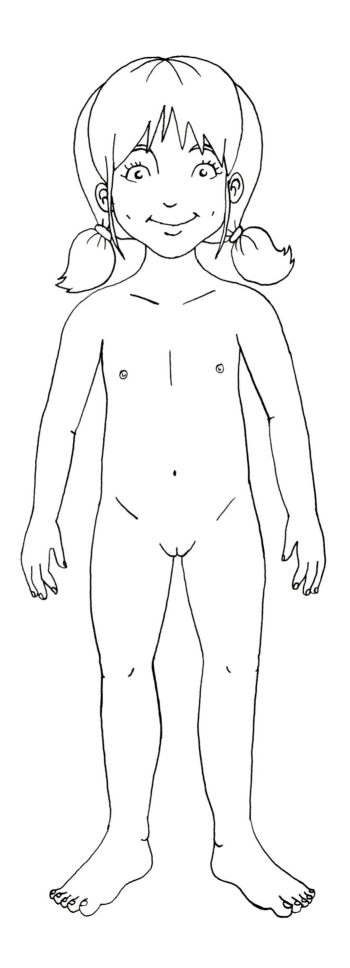

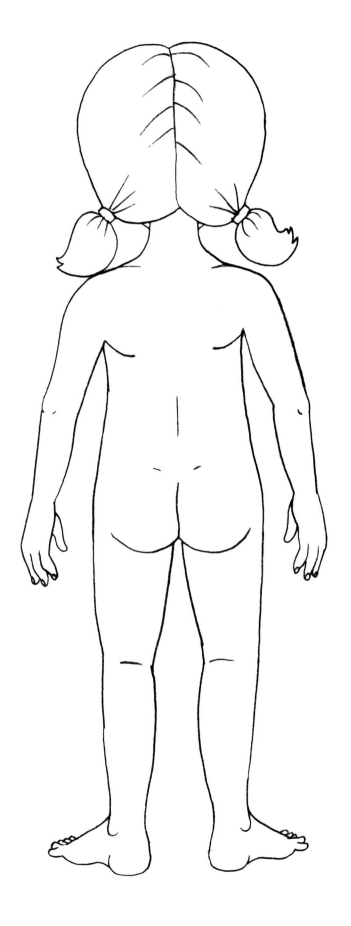

绝对不能
保守的秘密

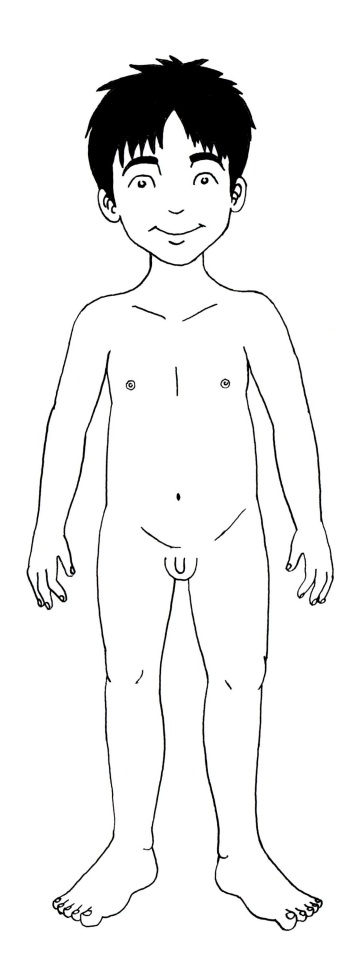

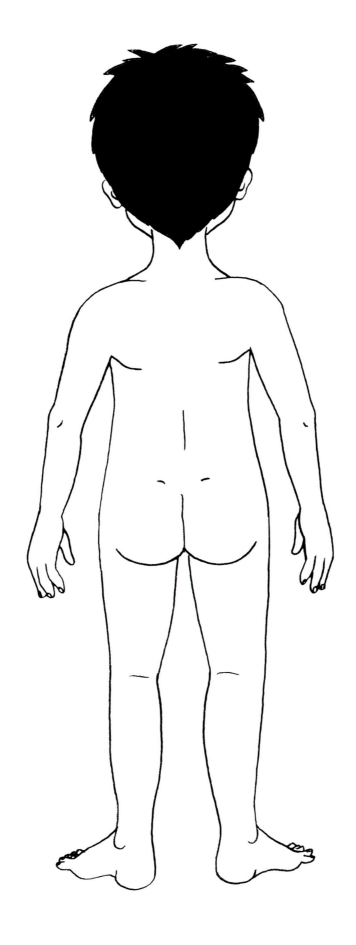

给＿＿＿＿＿＿＿＿＿＿的重要信息

您对我的孩子来说非常重要。感谢您抽出时间来读这封信。我们会把信转交给孩子一生中所有重要的人。

写这封信是想请您了解，我们正对孩子进行身体安全教育，并希望能让孩子掌握身体安全常识，保护他们免遭性侵。身体安全教育的技能和知识能助力孩子成长，让他们变得更懂事。

从小我们就注意在以下几点教育孩子：

❶ 用正确的词称呼身体的各个部位，包括生殖器。

❷ 孩子知道身体的界限，他们说"不"就意味着"不"。

❸ 孩子知道不用把令人难受的秘密憋在心里。

❹ 孩子知道隐私部位就是游泳衣盖住的部分。

❺ 孩子知道没人可以摸自己的隐私部位，或让他们摸别人的隐私部位，或让他们看隐私部位的图片。如果有人让他们这么做，孩子知道要赶快通知安全信任圈里的大人。

❻ 孩子知道要把这种事情告诉安全信任圈里所有的大人，直到有人相信自己为止。

❼ 孩子知道如果有人摸他们的隐私部位或给他们看隐私部位的照片，问题不在自己。

下面列出的五个人组成了孩子的安全信任圈，如果孩子感到不安全，他可以随时去找他们，因为他知道他们都会相信自己。

我知道您想和我们一同努力为孩子提供最安全的成长环境，也会践行上面提到的重点。我们感谢您对孩子的爱，感谢您让他/她的成长环境变得更安全，感谢您的努力加深了他/她对身体安全的重视。

此致，

＿＿＿＿＿＿＿＿＿＿＿

安全信任圈成员：

＿＿＿＿＿＿＿＿＿＿＿
＿＿＿＿＿＿＿＿＿＿＿
＿＿＿＿＿＿＿＿＿＿＿
＿＿＿＿＿＿＿＿＿＿＿

合作
确保孩子的
安全

我的身体是我的

（曲调为"小星星"）

我的身体是我的
只能属于我自己

别人不允许碰它
不能不能只有我！

如果有人要碰它
我就大喊"快住手"！

然后我就跑跑跑
跑得真是快快快

"救命救命"我大声喊
一遍一遍又一遍

（做出跑的动作并挥手）

杰妮·桑德斯和德布拉·拜尼作词
视频见www.somesecrets.info/body-safety-song/

大声、骄傲地喊吧！

我的孩子接受了
身体安全教育

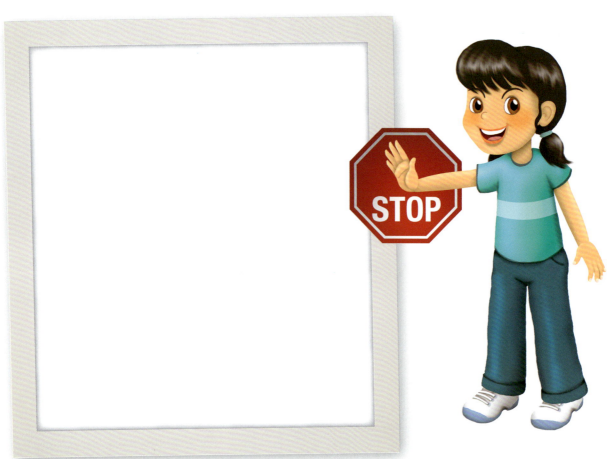

姓名：_____

大声、骄傲地喊吧！

我的孩子接受了
身体安全教育

姓名：_____

"不行！"就是"不行！"

我的身体我做主

说："不！"跑开，告诉别人！

绝对不能保守的秘密

情 感

身体安全技能 对话卡

　　请根据具体情境，选择恰当的对话卡，随时随地开始对话。对不同年龄段的孩子可以选择不同的切入点和语气。请记住，这只是一些理念——你最了解自己的孩子，知道应当如何与他们聊天，也知道怎么说他们愿意听。

人的泡泡 1

你知道你外面罩着一个泡泡吗？
这就是你的私密空间，只属于你！
你能沿着泡泡画出一道看不见的线吗？
如果你不愿意的话，别人能进入你的泡泡吗？
为什么不能呢？

请求允许

你去看牙医时，他会怎么说？
答得好！牙医会问你能不能张开嘴让他检查一下里面的情况。
他/她应当请求你的允许。
也就是说，他们应当问问你行不行。

人的泡泡 2

如果有人推你，或是在你没同意的情况下就进入你的泡泡，你怎么办？
没错！你可以大声说"走开！"或是"住手"或是"这是我的泡泡，它只属于我！"

同意

如果有大人或其他的孩子想吻你或抱你，但你不愿意，应当怎么办？
答对了！你可以和他们击掌或握手。如果你和他们很熟，可以飞吻一个。

公共和私人

什么是"公共的"？
没错！"公共的"就是有其他人在，大家共享的空间。
什么是"私人的"？
没错！"私人的"就是只属于你的。

公共空间

你能举例说出一个公共空间吗？

答对了！客厅是公共空间，因为它被大家共享。商场也是公共空间。

你能举例说出学校里的公共空间吗？

太棒了！操场就是公共空间，因为学生都可以在那儿玩。

私密空间

你能举例说出家里或学校里的一个私密空间或屋子吗？

没错！家里或学校的厕所就是私密空间，卧室也是私密空间。如果你想一个人待着或者保留些隐私的话，有权不让别人进来（对那些和别人共用卧室的孩子要适当调整用语）。

正确指出隐私部位的名称

你能说出各个隐私部位的名称吗？

没错！隐私部位包括胸部、乳头、臀和阴茎/阴道。嘴也算是隐私部位。

举例：未经你允许，别人不能把东西塞进你嘴里。

安全信任圈

你还记得什么是安全信任圈吗？

太棒了！它包括五位你信任的大人，什么都可以告诉他们。

你的安全信任圈包括哪五位大人？

为什么选择这几位？

答对了！因为你信任他们，无论什么时候你有事情告诉他们，他们都相信你。

不安全的触摸

别人能摸你的隐私部位吗？

如果别人摸了你的隐私部位，你应当怎么办？

没错！你必须马上告诉安全信任圈里的一位大人。

你也可以像这样伸出手对他说"不"，然后赶快跑去告诉别人。

不安全的秘密1

如果有大孩子或大人摸了你的隐私部位，还让你保密，你应当怎么办？

对！你必须马上告诉安全信任圈里的大人，一直说，直到有人相信你为止。

但是如果这个人说，要是你说出了秘密，他就会对付你的妈妈/宠物，你还会说出秘密吗？如果他说没人会相信你，你还会说出秘密吗？

太对了！你仍然要告诉安全信任圈里的大人，必须大声说出来！

早期预警信号

你的早期预警信号是什么？

答对了！可能会手心出汗，两腿发抖，肚子不舒服或者想哭。

你出现过早期预警信号吗？

发生了什么让你有这种感觉？

你怎么处理的？

太棒了！赶快告诉安全信任圈里的一位大人。

说"不"！

你可以对别的大人或孩子说"不"吗？

答对了！如果他们做的事你不喜欢，或者触发了你的早期预警信号，当然可以说"不"！

你记得什么是自己的早期预警信号吗？

没错！你可能会掌心出汗，心跳加速，肚子不舒服。你可能还会双腿发抖，头痛。

出现早期预警信号之后，你的身体还会有什么反应？

感觉

有人把你推倒了，你有什么样的感觉？

你在公园和朋友玩时有什么样的感觉？

你第一次爬上高滑梯时有什么样的感觉？

你过生日时有什么样的感觉？

[给孩子再延伸一下，比如问"你为什么感到……？""你说……时是什么意思？"]

感觉安全/不安全

你什么时候有安全感？

告诉我，你什么时候有安全/不安全感？

你躺在床上时觉得安全吗？为什么？/为什么不安全呢？

站在一条狂吠的狗身边，你觉得安全吗？

感觉生气、难过

你生气的时候有什么样的感觉？

你为什么会生气？

你难过的时候有什么样的感觉？

你为什么会难过？

感觉开心

你开心的时候有什么样的感觉？

你为什么会开心？

你每天都开心吗？

你为什么会不开心？

感觉害怕

你有时候会感到害怕吗？
你什么时候会感到害怕？
你感到害怕会怎么办？

令人开心的秘密/惊喜

你能守住令人开心的秘密/惊喜吗？比如不告诉外婆为她准备了特殊的生日礼物。为什么能？为什么不能？
你能告诉我什么是令人开心的秘密/惊喜吗？
为什么这些秘密/惊喜令人开心？
答对了！因为这些秘密/惊喜很快就会被公开。

不安全的秘密2

假设有人偷偷给了你一些糖，让你保密，你应当保密吗？
你应当对让你保密的人说什么？
太棒了！你可以大声地、明确地告诉他，你不会保守这种秘密的，你只愿意保守令人开心的秘密，因为只是暂时保密，很快会被公开。

不安全的秘密3

有的秘密让你觉得难受、不舒服，你还要守住吗？

如果有人让你保守这种秘密，你怎么办？

答对了！你必须赶快告诉安全信任圈里的一位大人。

你有没有保守过让自己觉得难受或不舒服的秘密呢？当时你怎么做的？

不安全的秘密4

如果有人给你看或者你自己看到隐私部位的照片，应当怎么办？

没错！你必须赶快告诉安全信任圈里的一位大人。

你看到了别人隐私部位的照片，应当守住这个秘密吗？

答对了！你不能守住这类秘密，必须赶快告诉安全信任圈里的一位大人。

隐私部位1

在什么情况下大人可以触摸你的隐私部位？

答对了！如果你生病了，医生或护士需要对隐私部位进行检查的时候。但是当时必须有妈妈或者其他你信任的大人在场。

当然了，当你还小的时候，家长需要给你清洁、擦干隐私部位。但是长大以后你就可以自己干了。

隐私部位2

有时候有人会摸到我们的隐私部位，而且似乎感觉还不错，但依然会激发早期预警信号。这听起来有些混乱，但请记住：即使被摸了之后感觉不错，也不允许别人这样摸你。

如果这种事发生在你身上，怎么办？

没错！你必须赶快告诉安全信任圈里的一位大人。

隐私部位3

你可以摸自己的隐私部位吗？

是的，你说得对！你可以！但是只能在私密空间里。

你什么时候可以摸自己的隐私部位呢？

没错！洗澡或淋浴的时候需要清洁隐私部位，或者是上厕所的时候。

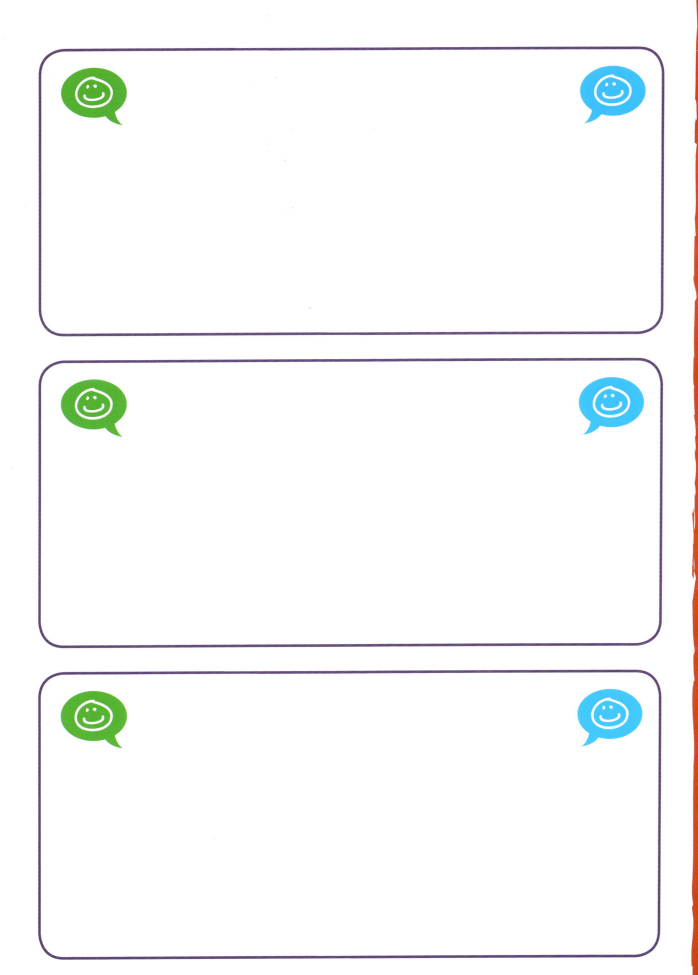

笔记